PROJET DE DÉMEMBREMENT DE LA TURQUIE EUROPÉENNE, ET DU RÉTABLISSEMENT DE L'INDÉPENDANCE DE LA POLOGNE.

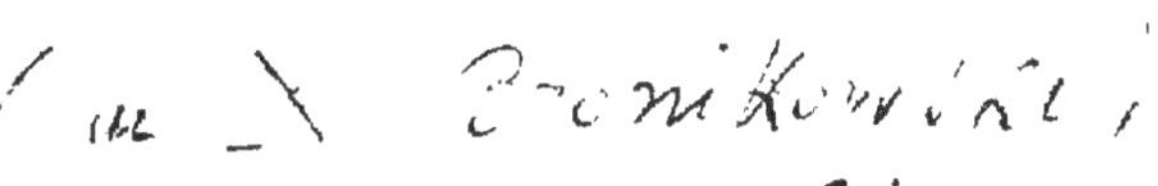

PARIS,

IMPRIMERIE DE LACHEVARDIERE,

RUE DU COLOMBIER, N° 30.

1833.

PROJET DE DÉMEMBREMENT

DE LA

TURQUIE EUROPÉENNE,

ET

DU RÉTABLISSEMENT DE L'INDÉPENDANCE

DE LA POLOGNE.

I.

Après la guerre de Pologne, les puissances européennes n'avaient plus de motifs pour maintenir leurs armées sur le pied de guerre. Il importait aux intérêts matériels des nations, comme aux intérêts de la liberté de l'Europe, de réduire ces masses formidables : c'était là une question immense, flagrante; les monarques ont négligé de le faire. Le czar qui cherchait un moyen de distraire l'attention générale des affaires de l'Orient, a su inspirer aux autres cabinets la terreur de ses forces et celle des révolutions politiques. On redoutait celui dont les gigantesques efforts pour réduire une poignée d'hommes prouvent toute la faiblesse réelle; on oubliait que ses forces redoutables en Asie, par l'ascendant que donnent les ressources de la tactique et de la civilisation, n'avaient rien qui pût inquiéter l'Europe. L'esprit révolutionnaire, qui sans contredit ranime les forces de l'Europe, au lieu d'être nuisible aux monarques, leur sert au contraire pouréloigner de leurs Etats les dangers de la force brutale. Sans cet esprit, la seule force de la civilisation n'aurait pu résister à la tendance invasive du Nord. Au lieu d'étouffer cet esprit, il faut le maintenir et le diriger avec prudence contre le despotisme du nord. Avec cet esprit, vous aurez toujours des auxiliaires au milieu des troupes mêmes qui vous effraient; exterminez-le chez les peuples que vous gouvernez, et, ni votre science guerrière, ni votre expérience, ni votre diplomatie, ne pourront vous sauver. Des barbares, des guerriers féroces, avides de jouissances sensuelles, se jetteront sur le cadavre privé d'âme par vos fautes, et le dépouilleront facilement de tous les charmes dont des siècles entiers l'ont paré. C'est la tâche unique de l'Europe civilisée dans l'intérêt immédiat de sa sûreté; maintenant, surtout, qu'elle a négligé le rétablissement de la Pologne, qui l'aurait à jamais délivrée des craintes des invasions russes. C'est la digue que vous pouvez avec certitude opposer aux débordemens de l'ambition du cabinet de Saint-Pétersbourg en Europe. Mais l'Europe a encore à ménager des intérêts qui peuvent indirectement la compromettre; elle a à conserver encore son commerce, ses colonies, ses richesses, et par conséquent sa civilisation. Ici ce ne sont plus les invasions du Nord qu'elle doit craindre, mais la conquête de l'Orient par la Russie. Cette conquête est devenue la soif, le besoin de cette puissance; elle ne peut plus s'en passer. Ne pouvant s'étendre vers l'Occident, bien qu'elle soit la première puissance du continent, il faut qu'elle saisisse à présent l'occasion qui se présente à elle de devenir la première puissance maritime; elle a besoin d'une capitale plus naturelle à sa grandeur et à sa position; elle a besoin d'un point maritime tel que Constantinople. Voici les motifs qui poussent la Russie à la conquête de la Turquie. Pour les développer, nous citerons un extrait de l'ouvrage de M. Maurice Mochnacki, qui doit être mis sous presse sous le titre de: *Histoire de la Révolution de*

Pologne. Cet extrait a été publié dans l'écrit de M. Podczaczynski, long-temps avant la crise qui menace à présent la Turquie.

« Les frontières actuelles de l'empire russe, si reculées dans l'intérieur du midi, les ports et les possessions sur les bords des mers Noire, Caspienne et d'Azof, n'établissent point encore un système complètement développé des conquêtes de ce côté ; il faudrait plutôt les considérer comme une légère esquisse tracée grossièrement et à la hâte. La pensée finale de ces frontières, qui a déjà entrelacé le sultan dans les filets où il doit périr, est Constantinople. Que personne ne s'abuse, et ne croie qu'il manque de logique dans le plan de ses conquêtes. *Putant enim qui maris potitur, eum rerum potiri.* Le cabinet de Saint-Pétersbourg saisit et conçoit très bien cette idée. Pour consolider en Europe l'influence politique accrue, étendue et exercée par les conquêtes continentales, il manque à la Russie de devenir, dans ce second siècle de son accroissement, une puissance maritime aussi gigantesque qu'elle l'est à présent sur le continent. Pour y parvenir, la conquête de la Turquie est indispensable pour elle.

» Voilà la carrière tracée pour la Moscovie, dès le commencement, par la politique de Pierre Ier. Il est des conditions sans lesquelles les grands empires ne peuvent subsister. De grandes masses de terre ne peuvent se passer de grandes masses d'eau, de même que les hommes et les animaux ne peuvent se passer d'air. Il y a deux chances pour la Moscovie : ou de disparaître du rang des premières puissances, ou d'atteindre son but. Il n'y a à cet égard point de milieu... »

Et dans un autre lieu : « La gravitation, la pression de cet énorme empire, selon les lois naturelles, ne peut avoir d'autre direction que celle du nord vers le midi avec le cours des fleuves navigables. Les plus belles provinces moscovites, en Europe comme en Asie, sont les méridionales. Les produits de cette contrée peuvent être l'objet d'un commerce plus avantageux sur la Méditerranée que sur la mer Baltique, cet avantage résultant de l'état naturel des communications. D'ailleurs, s'il n'en est pas ainsi en Russie il faut l'attribuer à la situation de la capitale, situation trop excentrique et contraire à la nature des choses. La ville de Saint-Pétersbourg, édifiée par contrainte et en vertu d'un ukase, est une sangsue qui épuise sans aucune utilité les forces vitales de tout l'empire. La centralisation, nuisible et dangereuse, sur ce point, de toutes les autorités, de l'administration, de la cour, des richesses, fait que la circulation du sang dans les veines du géant s'effectue à rebours et contrairement aux lois de la nature, c'est-à-dire qu'il court des contrées les plus fertiles et les plus favorisées du ciel vers des déserts et des steppes; du climat tempéré vers le pays des glaces et des neiges. La ville de Saint-Pétersbourg, construite artificiellement tout d'un coup, peuplée par un ukase, maintient toute la Russie dans un état factice et comme apoplectique. Une saine politique oblige le gouvernement à sortir de cet épuisement forcé, et à se délivrer d'une gêne intérieure qui se renouvelle sans cesse. Pour imprimer une juste direction à la tendance de l'empire, à son développement, et pour augmenter sa jouissance, seul but toujours présent à la pensée politique de Carskoe-Selo, le gouvernement russe transfèrera sa capitale dans le midi. Les attraits d'un ciel méridional pour une cour brillante, les charmes d'un climat voluptueux, ne sont que des considérations accessoires auprès des nécessités impérieuses que la Moscovie ne négligera pas impunément. Enfin, il est notoire que le fondateur de Saint-Pétersbourg se proposait de créer non seulement une ville de commerce, mais en même temps une puissance maritime indispensable au commerce d'un vaste territoire. Cette idée seule a déterminé Pierre Ier à fixer sa capitale aux confins de la Russie, dans un lieu malsain et stérile, plus rapproché des sources des fleuves que des rivières navigables qui facilitent le commerce intérieur des produits du pays; mais cette mer est de tous les côtés resserrée par le continent et n'est navigable que pendant la moitié de l'année. Les grands vaisseaux moscovites, inactifs pendant six, sept et quelquefois neuf mois, sont actuellement un fardeau pour l'empire; ils n'ont jamais une libre sortie dans l'Océan. Sur la mer Baltique, les marins ne peuvent s'exercer, et la science maritime ne peut se perfectionner. Ainsi, pour exécuter le testament politique de Pierre Ier, c'est-à-dire, pour *consolider les conquêtes continentales par une puissance maritime*, il faut une vaste domination sur les mers. Ce n'est pas une vaine ambition ni un caprice irréfléchi, ce sont d'importantes raisons politiques qui encouragent chaque czar à essayer sur la Méditerranée ce qui n'a pas réussi sur la mer Baltique. De puissans appâts concourent à tenter les czars de s'élancer vers le midi; et il faut reconnaître une force réelle dans la situation de Constantinople, lorsque nous songeons que c'est uniquement cette ville qui, dans le déclin de sa décrépitude même, a différé la ruine de l'empire romain. C'est là que les provinces moscovites intérieures, qui sont les plus fertiles, entreraient en contact immédiat avec les riches marchés, avec le commerce de tout l'Occident; c'est là qu'il est facile d'établir des communications par terre avec tout l'Orient, aisé d'étendre des relations commerciales avec Trébisonde, Erzerum, Moussol, Bassora, Bagdad, Chiva, Balek, Bohara, Samarkanda...

»Qui, du reste, ne conçoit pas que le port de Constantinople deviendrait bientôt la capitale des czars, le plus grand chantier maritime? Les bois de l'Asie mineure, dont les chênes sont préférables à ceux que les Anglais tirent des Indes; le fer du Caucase, les chanvres de Sinop et de Trébisonde, célèbres par leur longueur et leur durée, renforceraient sous peu les chantiers des successeurs de Pierre Ier. La main-d'œuvre coûte moins sur les bords de la mer Noire que partout ailleurs en Europe.

Les machines à vapeur, les matelots pris des Grecs et des Moscovites, que la nature a doués de conceptibilité, sous les ordres des officiers de l'Amérique septentrionale, laquelle, avec une réjouissance secrète, saluerait du rire sardonique la nouvelle puissance maritime dans la vieille Europe, tels sont les principaux traits d'un tableau que l'avenir ne sera peut-être pas long-temps à réaliser. »

Ainsi donc il est hors de doute que la Russie a le plus grand intérêt à s'agrandir du côté de l'Orient; que cet agrandissement est même pour elle une nécessité. Son histoire, depuis un siècle, démontre qu'elle n'a omis aucune occasion pour s'étendre aux dépens de la Turquie. Et à présent serait-elle plus indifférente pour ses intérêts, lorsqu'elle voit s'écrouler l'empire ottoman? Les autres puissances européennes devraient dans ce moment diriger toute leur attention sur les projets de la Russie, d'autant plus qu'elle commence à les dévoiler d'une manière inattendue, en offrant au grand-seigneur sa médiation ambitieuse et intéressée. C'est sur le Bosphore que l'Europe doit craindre la Russie et les plans ambitieux de son czar; tandis qu'en Allemagne, en Belgique et en France, elle peut diriger contre lui son esprit révolutionnaire, et le propager jusqu'aux bords de la Newa; elle ne peut lui opposer aucune arme semblable du côté de l'Orient. S'il voulait vous faire la guerre des principes, vous trouveriez un appui assuré dans l'esprit des peuples; s'il voulait vous envahir, vous formeriez des légions polonaises, et vous l'arrêteriez. Mais, dans l'Orient, les peuples ne se soucient pas encore des principes, et les Serbiens, les Bosniens, les Bulgares, les Valaques favoriseraient avec enthousiasme chaque invasion de la Russie.

Bref, les rois et les nations n'ont à présent rien à redouter de la part des Russes, sinon leur intervention dans les affaires de la Turquie.

II.

Mais vous vous flattez que la Turquie aura encore assez de force pour résister aux troupes du pacha d'Egypte, et pour se passer de l'intervention de la Russie: c'est méconnaître l'état des choses que de le croire. Tout porte à prévoir que rien ne peut déjà plus sauver l'empire ottoman. Sa décadence ne date pas seulement de l'époque de la rébellion du pacha d'Egypte; il meurt, depuis plus d'un siècle, des vices de son organisation, des progrès de l'Europe, de l'agrandissement subit de son voisin, et le pacha d'Egypte ne fait qu'accélérer son agonie. Chaque guerre extérieure diminuait, depuis un siècle, les frontières de l'empire ottoman, chaque révolte de ses sujets l'ébranlait jusque dans ses fondemens, et aboutissait le plus souvent à sa honte. On pourrait former un grand Etat des pays que la Russie a conquis successivement sur la Turquie, et l'état actuel de la Grèce et de la Serbie présente le témoignage le plus frappant de la faiblesse et de la décadence de cet empire, qu'un sort inexorable semble pousser dans l'abîme. Le grand-seigneur a mal choisi l'époque de la réforme des Musulmans. Jamais on ne parvient à organiser des forces nouvelles à la vue d'ennemis vigilans, comme Mahmoud a essayé de le faire. Ses réformes, loin de lui être utiles, lui ont aliéné l'esprit des diverses classes, des populations entières, et il n'est pas étonnant que les troupes égyptiennes ne rencontrent d'ennemis nulle part, et augmentent leurs forces en avançant. Mais supposons que le grand-seigneur parvienne à les refouler, qu'il réussisse à regagner les spahis et les janissaires, qu'il étouffe même la croyance au fatalisme qui anime dans le succès autant qu'elle abat dans l'adversité; supposons, ce qui d'ailleurs est presque impossible, qu'il puisse maintenir son autorité en Asie; mais comment sera-t-il en état de conserver ses possessions en Europe? Jetons un coup d'œil sur la carte pour nous convaincre de cette vérité, que les provinces européennes de la Turquie ont la plus grande propension à se détacher d'elle. D'abord, c'est la Bulgarie, entre le Balkan et le Danube jusqu'à la mer Noire, dont les habitans slaves, chrétiens, parlant une langue qui ressemble à celle des Russes, forment une nation séparée. Si les Bulgares n'ont pas secoué jusqu'à présent le joug de la Turquie, c'est que leur pays, dans toutes les guerres antérieures, était encombré par les troupes turques. De l'autre côté, entre la Save, la province autrichienne de Dalmatie s'étend presque jusqu'à la mer Adriatique, la Bosnie, pays plus peuplé que la Bulgarie, ayant aussi des habitans slaves qui parlent la langue serve. Riches par le commerce, d'une race robuste, les Bosniens ne font que tolérer l'autorité du grand-seigneur. Leurs primats ont, il est vrai, embrassé l'islamisme, mais ils se rappellent la religion de leurs ancêtres; ils se croient supérieurs aux Turcs, et ils le sont en effet sous le rapport de la civilisation: de sorte que leur ville principale, Bosna-Seraï, s'est érigée en une république commerçante presque indépendante sous un président de leur propre choix. Toute la nation bosnienne, sans excepter les primats, a conservé intact l'idiome slave. L'adresse de la Porte ottomane, et plus encore la modération bien calculée de la Russie, ont maintenu jusqu'à présent les relations réciproques de ce pays avec la Turquie. L'Albanie, dont les habitans parlent un idiome tout-à-fait différent de la langue turque, et qui professent la religion musulmane, est peut être une des provinces, dont la Turquie a le plus à redouter, car, malgré l'identité de la religion, elle a toujours su conserver son indépendance nationale, et l'esprit guerrier des Albanais ne laisse échapper aucune occasion de pillage. Les habitans de la Macédonie sont un mélange de peuples chrétiens et musulmans, de races slaves, valaques, grecques et turques, et ils n'ont aucun intérêt national à prévenir la chute de la Turquie. Il ne reste donc des provinces européennes à la Turquie que la Rouélie, la Serbie et la Valachie; la première habitée par des Turcs si dégradés, si peu guerriers, qu'ils ne pourraient en aucune sorte arrêter le danger qui menace la Porte ottomane, la seconde déjà indépendante, ayant pour régent son prince Milosch Obrénowitch, et n'étant liée avec la Turquie que par des relations d'une faible souveraineté. Quant à la Valachie, elle est occupée par les troupes russes.

Chaque fois que la Porte ottomane avait à combattre ses sujets révoltés en Europe, elle avait recours à ses populations d'Asie, qui par fatanisme soutenaient ses efforts. A présent, si les Bosniens, Bulgares ou Albanais, excités par des agens russes, voulaient imiter les Serbes, et profiter de la faiblesse de leur souverain, où ce dernier puiserait-il des ressources pour étouffer l'esprit d'indépendance de ces peuples slaves, lorsque les peuples d'Asie même tournent leurs forces contre lui?

Chaque fois que la Porte ottomane avait à combattre ses sujets révoltés en Asie, elle réclamait l'appui de ses sujets euro péens, qui se félicitaient de trouver une occasion de vengeance sur les musulmans. Dans l'état actuel des affaires de la Turquie, il est à prévoir que les provinces européennes préfèreraient lever l'étendard de l'indépendance, que de fournir des forces au pouvoir auquel elles ne tiennent que par contrainte.

Tout concourt ainsi à accélérer la chute de la Turquie : les vices de son organisation intérieure, son infériorité sous le rapport militaire en comparaison de son vassal révolté, et, sous le rapport de civilisation en comparaison de ses sujets chrétiens, le fatalisme de sa religion régnante, et surtout les dispositions des peuples qui lui sont soumis.

III.

Dans cet état des choses, la Russie offre son appui à la Turquie, rompt ses relations avec le pacha d'Egypte, et se confond en démonstrations amicales envers celui qu'elle a spolié à chaque occasion. Comment s'expliquer ce phénomène politique? Si le cabinet de Saint-Pétersbourg suivait la marche naturelle des menées diplomatiques, il procèderait ouvertement, d'une manière conséquente, c'est-à-dire, il tendrait la main au pacha d'Egypte, et lui aiderait à renverser le trône de Mahmoud pour y faire asseoir le czar ; mais, rusé comme il est, il adopte dans le même but un rôle tout-à-fait contraire. Le système d'un agrandissement graduel de l'empire a jusqu'à présent si bien servi aux czars, qu'ils ne voudraient pas l'échanger contre toute la diplomatie européenne. La Pologne n'a pas été démembrée d'une seule fois, la Turquie n'a pas perdu tant de provinces à la suite d'une seule guerre, et la Perse ne s'est pas vue ses provinces arrachées par un seul succès des armes russes. Agissant d'après ce système, le cabinet de Saint-Pétersbourg se sert de la guerre du grand-seigneur avec le pacha d'Egypte comme d'un prétexte pour colorer son intervention; mais, pour ne point dévoiler ses projets ambitieux, il proteste contre le démembrement de la Turquie, sûr d'être dédommagé pour cette assistance par un nouvel agrandissement de son territoire. D'ailleurs, s'il réussit, il aura doublement atteint son but; il fera une nouvelle acquisition sur la Turquie, il maintiendra la faiblesse de ce pays qui est pour lui si commode, et il cachera par son hypocrite amitié ses perfides menées dans les pays slaves de la Turquie. Quels autres motifs pourrait-on supposer à cette bienveillance du czar? Les czars n'ont jamais poussé si loin leur générosité envers ceux surtout dont ils convoitent les possessions. Serait-ce zèle pour conserver dans l'Orient le principe de la légitimité, et pour y réprimer l'esprit révolutionnaire? Peut-être la Russie veut-elle prendre sur elle de protéger les trônes légitimes en Asie, comme elle les défend en Europe, et de punir les révolutionnaires d'Afrique, comme elle voudrait châtier les révolutionnaires d'Europe? Mais n'oublions pas que c'est elle qui a excité les révolutions de la Grèce et de la Serbie, que c'est elle qui entretient des agens révolutionnaires dans tous les pays slaves qui sont sous la domination de ses voisins, qu'enfin sa rupture avec le pacha d'Egypte est aussi sincère que l'assistance qu'elle offre à la Turquie. Agrandir son territoire et affaiblir de plus en plus son voisin pour s'enrichir dans quelques années des débris de l'empire ottoman, voilà l'unique motif qui a déterminé le czar à offrir son appui au grand-seigneur.

IV.

Quel parti doivent prendre les puissances pour empêcher la Russie de s'agrandir aux dépens de la Turquie? Elles doivent intervenir; car, sans elles, la Russie le fera seule, malgré toutes les représentations diplomatiques de leur part. Mais en faveur de qui doivent-elles intervenir? Si c'est pour assister la Turquie contre le pacha, ce serait entreprendre une guerre anti-nationale, une guerre que l'on ne pourrait terminer en Egypte, mais que l'on serait forcé de continuer en Syrie, et peut-être dans toute l'Asie mineure, non seulement avec les troupes du pacha d'Egypte, mais encore avec toutes les populations qui le reçoivent à présent comme un libérateur. De pareils sacrifices peuvent se concevoir quand il s'agit des intérêts de l'humanité et du bonheur des nations; mais, dans le cas actuel, y aurait-il politique de la part des puissances d'assister le grand-seigneur contre le pacha d'Egypte? Ne serait-ce pas concourir à la conservation d'un empire qui, même dans des circonstances plus propices pour lui, ne saurait se conserver? Serait-ce autre chose qu'aider les vues de la politique russe? La dissolution de l'empire ottoman devient de plus en plus une nécessité historique: or, vouloir le sauver, c'est comme si l'on entreprenait d'arrêter la marche de l'humanité et de changer les lois éternelles. La Russie serait enchantée de voir les autres puissances se lancer de concert avec elle dans une entreprise dont, à cause de sa position géographique, elle seule pourrait profiter, mais qui serait funeste et ruineuse pour les autres puissances.

Quoiqu'une intervention armée en faveur du grand-seigneur dût être infructueuse et impolitique, il ne s'ensuit pourtant pas qu'il soit de devoir et de nécessité de la part des puissances de prendre le parti du pacha d'Egypte contre la Porte ottomane. Une pareille intervention n'aurait d'abord aucune excuse devant le droit des gens, devant les traités, qui n'autorisent dans aucun cas à combattre son allié sans une raison suffisante; ici, les puissances ne peuvent l'indiquer; elles paraissent même fléchir du côté de ceux qui soutiennent que leur intérêt vis-à-vis de la Russie leur assigne le rôle de protecteurs de la Turquie; elles se tromperaient si elles donnaient suite à cette idée, car elle sert les projets du czar; elles se tromperaient encore si elles croyaient que l'assistance prêtée au pacha d'Egypte pourrait servir leurs propres intérêts. Le pacha, qui a pour lui toutes les populations de l'Asie mineure, qui, en outre, a une si grande supériorité militaire sur l'armée du grand-seigneur, peut se passer de l'appui de l'Europe. La Russie ne lui fera pas la guerre en intercédant en faveur de la Porte ottomane; elle lui permettra de consolider sa domination en Asie, se contentant de l'affaiblissement de la Turquie, ce qui est l'unique but de son intervention; fidèle à son système, elle se bornera à augmenter ses possessions par l'acquisition de quelques cents milles du territoire turc, et elle n'osera encore s'emparer de Constantinople, réservant cet acte pour une nouvelle occasion qu'elle ne manquera pas de préparer. L'intervention en faveur du pacha d'Egypte aboutirait ainsi à une guerre des puissances contre la Russie et ses alliés, tels que les Prussiens, les Perses, et peut-être même une puissance que je m'abstiens de nommer par respect pour son honneur. Quel serait le résultat d'une pareille guerre? Je ne crois pas qu'il puisse être profitable à l'Europe, au moins serait-ce douteux. Enfin si même le parti du pacha était victorieux, quel avantage celui-ci tirerait-il de l'assistance qui lui aura été prêtée, lorsqu'il serait forcé de payer cette assistance de quelques provinces conquises sur la Turquie, provinces que, dans d'autres circonstances, il aurait pu conquérir lui-même et garder pour l'agrandissement de l'Etat qu'il se propose de fonder? S'il était présumable que toutes les puissances européennes du premier rang opposassent à l'assistance de la Russie en faveur de la Turquie, leur apppui au pacha d'Egypte, une telle guerre serait sans doute l'évènement le plus heureux; mais comme vraisemblablement le cabinet de Saint-Pétersbourg parviendrait à empêcher une grande alliance européenne, dont le but serait d'entraver l'accomplissement de ses vues, une telle guerre ne serait qu'un fâcheux incident pour les intérêts généraux de l'Europe.

V.

Il est très probable que le trône de la Turquie s'écroulera sous son propre poids, et sous les coups du puissant rebelle qui l'a si fortement ébranlé. La Russie ne se souciera pas de le sauver, et les autres puissances, en opposant aux armes victorieuses du pacha une intervention diplomatique, ne le sauveront pas non plus; qu'adviendra-t-il alors? La Russie occupera une partie de la Turquie européenne pour se dédommager des frais de son intervention armée en faveur du sultan. Les peuples slaves qui se trouvent sous la domination turque sauront reconquérir leur indépendance, et formeront de petits Etats sur lesquels le cabinet de Saint-Pétersbourg exercera son influence. Le reste de la Turquie changera de maître, ou continuera à être dominé par le sultan.

Telle serait la conséquence la plus naturelle de la guerre du sultan avec son pacha, de l'intervention armée de la Russie, et de l'intervention diplomatique des autres puissances en faveur de la Turquie. Mais l'Europe civilisée pourrait-elle être témoin indifférent d'un pareil dénouement, qui compromettrait ses intérêts les plus chers, et amènerait inévitablement une guerre nouvelle, comme suite nécessaire de toutes les interventions diplomatiques?

VI.

Il est un moyen qui peut obvier à des résultats si funestes, sans obliger les puissances d'intervenir soit en faveur du sultan, soit en faveur du pacha.

Il faut d'abord admettre que les deux puissances qui embarrassent actuellement l'Europe, c'est-à-dire, l'autorité reconnue du sultan et celle *de facto* du pacha, ne peuvent entrer en grande considération devant le droit des gens européen, toutes deux ayant sur la civilisation des vues tout-à-fait différentes de celles qui constituent la base de la politique européenne. D'ailleurs, l'une d'elles n'étant pas reconnue, ne peut imposer à l'Europe aucun devoir; l'autre, quoique reconnue, est déjà, par sa position et par sa faiblesse, passivement dangereuse aux intérêts de l'Europe, et peut le devenir davantage encore. S'il en est ainsi, les puissances européennes peuvent considérer la guerre du sultan avec le pacha sous un point de vue tout-à-fait arbitraire, et procéder avec la Turquie dans l'intérêt de leur propre sûreté. Elle ne peuvent rester indifférentes à la lutte qui s'est engagée dans l'Orient; elles ne doivent pas intervenir avec armes, ni en faveur du sultan, ni en faveur du pacha, ou leur intervention, purement diplomatique, serait infructueuse; elles ne peuvent qu'invoquer la loi de la nécessité et agir en conséquence; elles doivent mettre à part la question de la guerre du sultan avec le pacha, et n'y considérer que l'intérêt de l'Europe et celui de la civilisation. Or, cet intérêt exige que la Turquie cesse d'exister, que ses possessions actuelles en Europe deviennent européennes, qu'elles ne passent point sous la domination ou bien sous l'influence immédiate du czar. Le démembrement de la Turquie européenne est nécessaire pour le repos de l'Europe, car autrement ses possessions deviendront la proie de la Russie, qui, comme puissance slave, exerce une influence indubitable sur les peuples slaves soumis à la Turquie. Ce motif justifiera suffisamment le partage de la Turquie européenne. Il manquait un pareil motif au démembrement de la Pologne; au contraire, l'intérêt de l'Europe et la justice éternelle condamnaient ce crime des monarques. Aussi le partage de la Pologne ne peut être aucunement mis de niveau avec le partage de la Turquie européenne. Les peuples slaves, soumis à la domination turque, se croiraient heureux s'ils pouvaient changer de maîtres et entrer dans le système des nations civilisées; les Polonais étaient indépendans, rien n'a pu les dédommager de la perte de leur indépendance, et leurs tentatives réitérées pour la reconquérir sont les meilleures preuves de l'immensité du malheur qui les a frappés dans les trois partages. Le démembrement de la Pologne donna de nouvelles forces à une puissance barbare, qui devient chaque jour plus dangereuse pour le bonheur de l'Europe; le partage de la Turquie européenne serait au contraire la seule digue que l'on pourrait opposer à l'ambition du cabinet de Saint-Pétersbourg.

Quant au sort de la Turquie Asiatique, il est indifférent pour la politique européenne, puisque la sûreté de l'Europe ne peut être compromise, soit que les provinces du sultan en Asie continuent à lui être soumises, ou qu'elles soient conquises par le pacha d'Égypte. Pour le bonheur des provinces turques en Asie, il serait seulement à souhaiter qu'elles eussent pour maître un souverain énergique qui fût en état de terminer avec succès l'œuvre de la réforme commencée également par le sultan et par le pacha.

VII.

Qui sera autorisé à prendre part au démembrement de la Turquie européenne? Comme ce démembrement serait fait dans l'intérêt de l'Europe, l'Europe entière y devrait prendre part. Mais comme une participation proportionnée de chaque puissance européenne y est impossible, il faut l'exécuter de sorte que chacune d'elles profite de ses avantages sans empêcher quelques unes d'elles d'y prendre part immédiatement.

L'Autriche et la Russie, comme états limitrophes de la Turquie européenne, devraient naturellement exécuter le partage et la réunir à leurs Etats; mais elles doivent admettre les autres puissances à la jouissance des profits de ce partage. L'Europe ne pourrait souffrir leur accroissement sans voir indemniser proportionnellement les autres puissances.

Or, une pareille indemnité serait le rétablissement de la Pologne, cette dette de l'Europe, envers l'humanité et dont l'acquittement tournerait nécessairement au repos de tous les peuples.

Constantinople et l'Albanie dédommageraient amplement l'Autriche de la perte de la Gallicie, et cette acquisition nouvelle faciliterait à l'Autriche les moyens de créer sur la mer Adriatique et sur le Bosphore des flottes qui la mettraient en état de contrebalancer la puissance maritime de la Russie.

La Bulgarie, la Bosnie, la Macédonie, la Roumélie, la Valachie et la Serbie, dédommageraient la Russie de la perte du royaume de Pologne et des provinces qu'elle a acquises par suite des trois partages.

L'Autriche, en possession d'un point aussi important que Constantinople, cèderait à la Prusse la Silésie pour la dédommager des parties de la Pologne qui sont sous sa domination.

VIII.

Le sort de la Pologne ainsi fixé, les puissances qui l'ont démembrée se délivreraient de sujets qui assurément ne leur sont nullement dévoués, et des craintes continuelles que leur inspire ce fantôme de l'indépendance polonaise, qui ne leur laissera pas un moment de repos tant qu'il aura à leur rappeler le crime commis sur la Pologne. L'Europe se tranquillisera sur les desseins de la Russie, et celle-ci pourra avec assurance tourner ses vues vers l'Asie, où il y a pour elle de la gloire et des richesses, où elle peut s'étendre et devenir bienfaisante au genre humain.

Qui règnerait en Pologne? Si on le demandait à la nation, ce serait sa tâche de décider cette question. Si la forme du gouvernement polonais était déterminée d'avance, et si elle devait être monarchique, ne pourrait-on pas dédommager la légitimité déchue en France, en même temps que l'on dédommagerait la nation polonaise et les puissances qui consentiraient à son rétablissement?

Le démembrement de la Turquie européenne est une nécessité absolue pour le bonheur de l'Europe : sa conséquence réelle est le rétablissement de la Pologne. Réfléchissez, et décidez promptement. Si vous balancez, peut-être il ne sera plus temps. Souvenez-vous que l'*Europe doit devenir ou république, ou cosaque.*

Il n'y a que le rétablissement de la Pologne qui puisse démentir cette prédiction. Je propose le rétablissement de la Pologne par un moyen monarchique ; que cela ne révolte pas les amis de la liberté ! Il ne s'agit pas ici des principes, il s'agit de l'indépendance de la Pologne. Quant à moi, je m'inclinerai devant chaque mesure qui lui rendra son indépendance. Si la république peut la lui rendre, qu'elle soit républicaine ; qu'elle soit gouvernée monarchiquement s'il appartient à un monarque de recommencer l'histoire de la Pologne indépendante. Si Lucifer avait la force nécessaire pour rétablir la Pologne, et s'il la rétablissait, je le reconnaîtrais comme mon maître.

www.ingramcontent.com/pod-product-compliance
Lightning Source LLC
LaVergne TN
LVHW020506230826
846091LV00008BA/3369

9782016164655